Libro para colorear
Unicornio

Coloring Pages for Kids

Coloring Pages for Kids
An imprint of Ciparum LLC

Libro para colorear unicornio
© 2017 Ciparum LLC
All rights reserved.
ISBN-10:1-63589-427-1
ISBN-13:978-1-63589-427-1

Coloring Pages for Kids

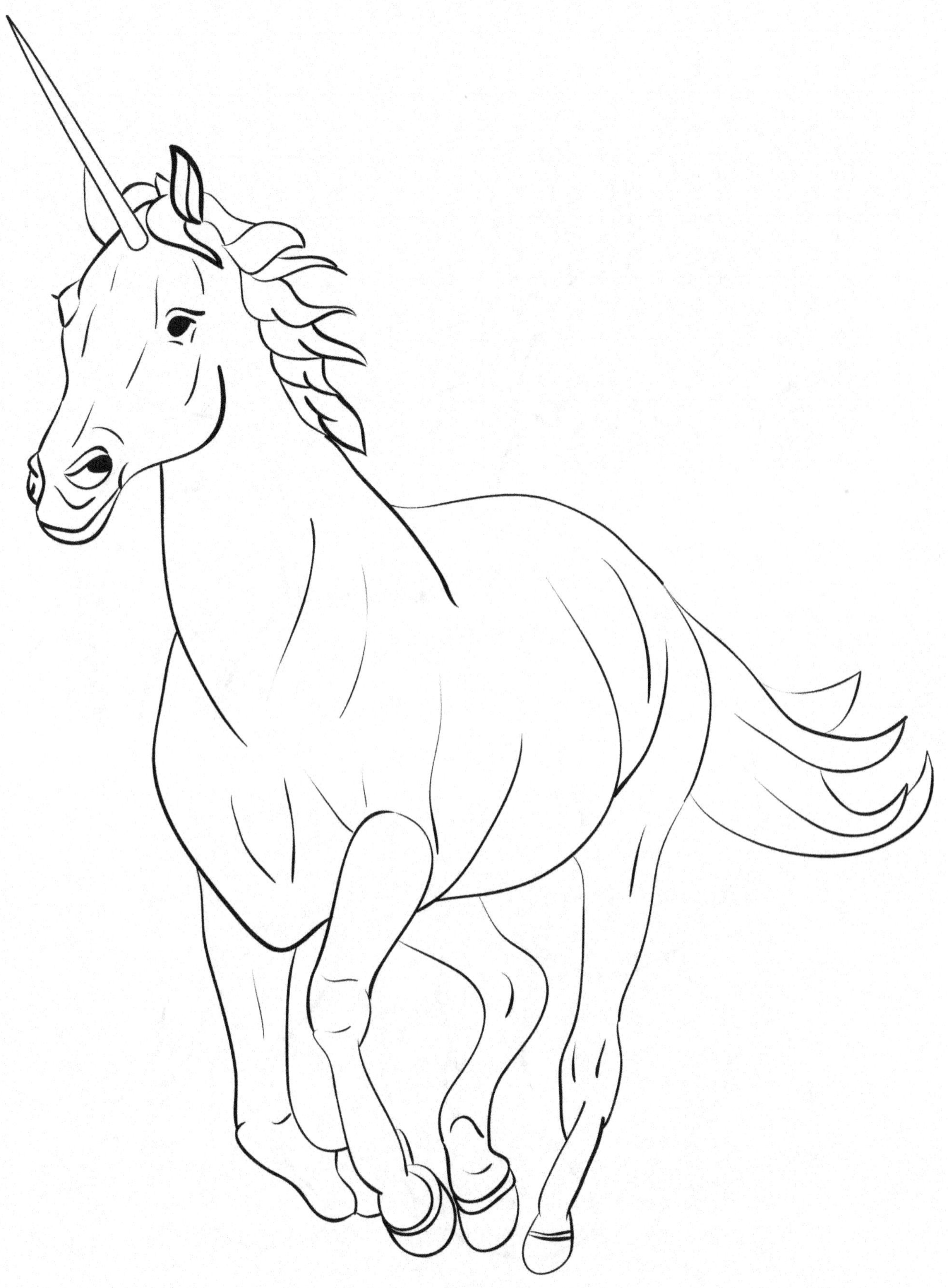

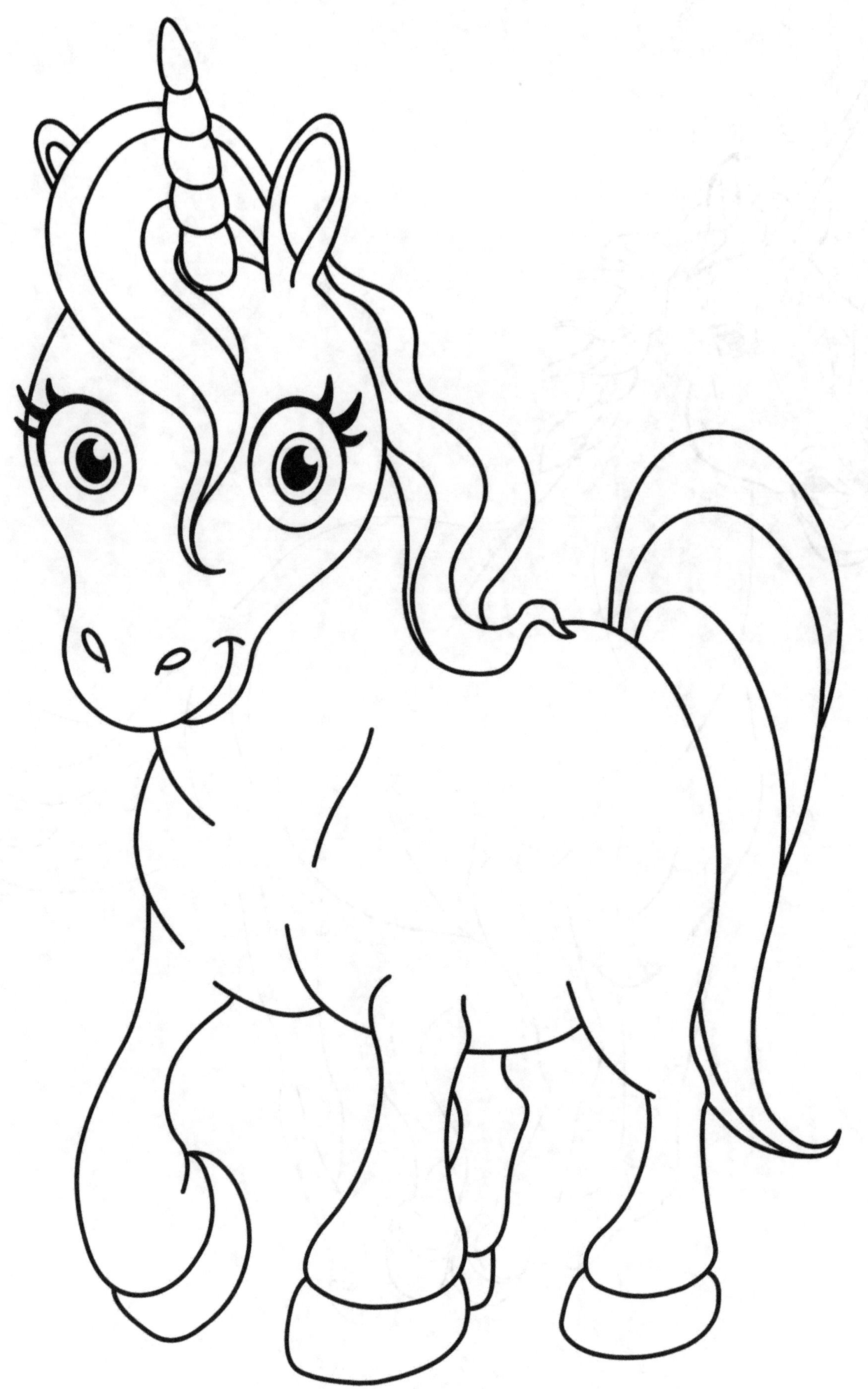

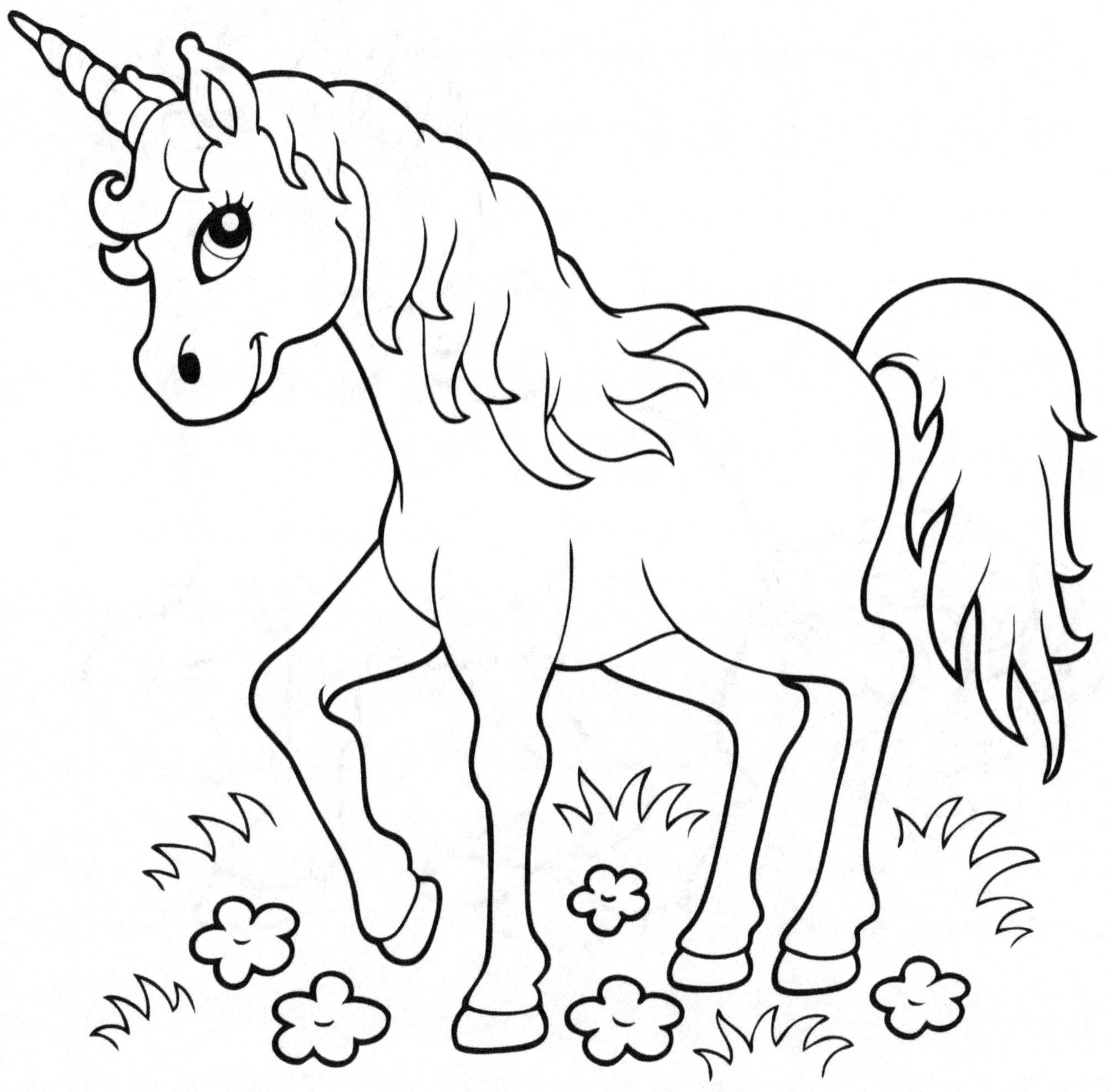

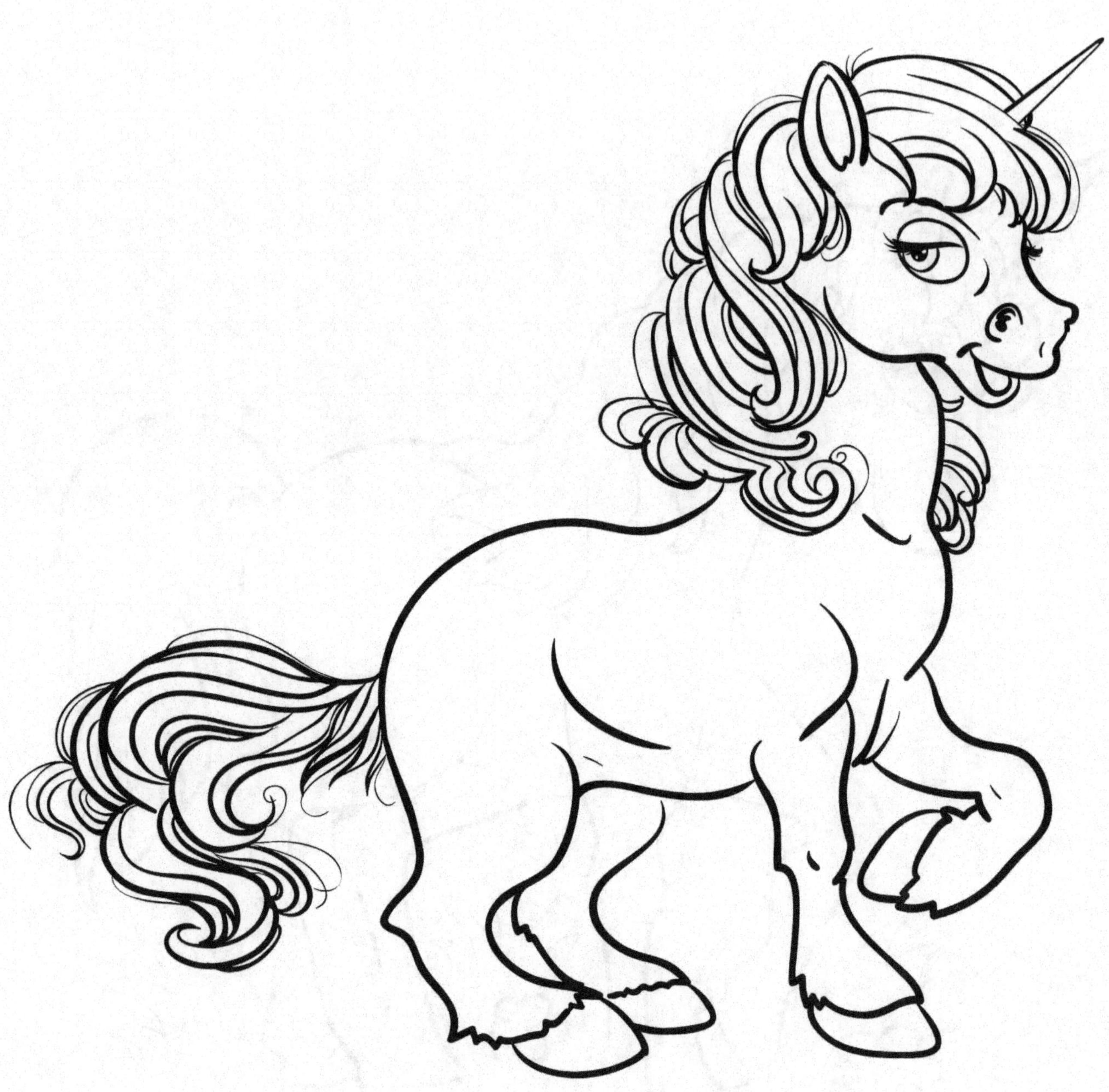

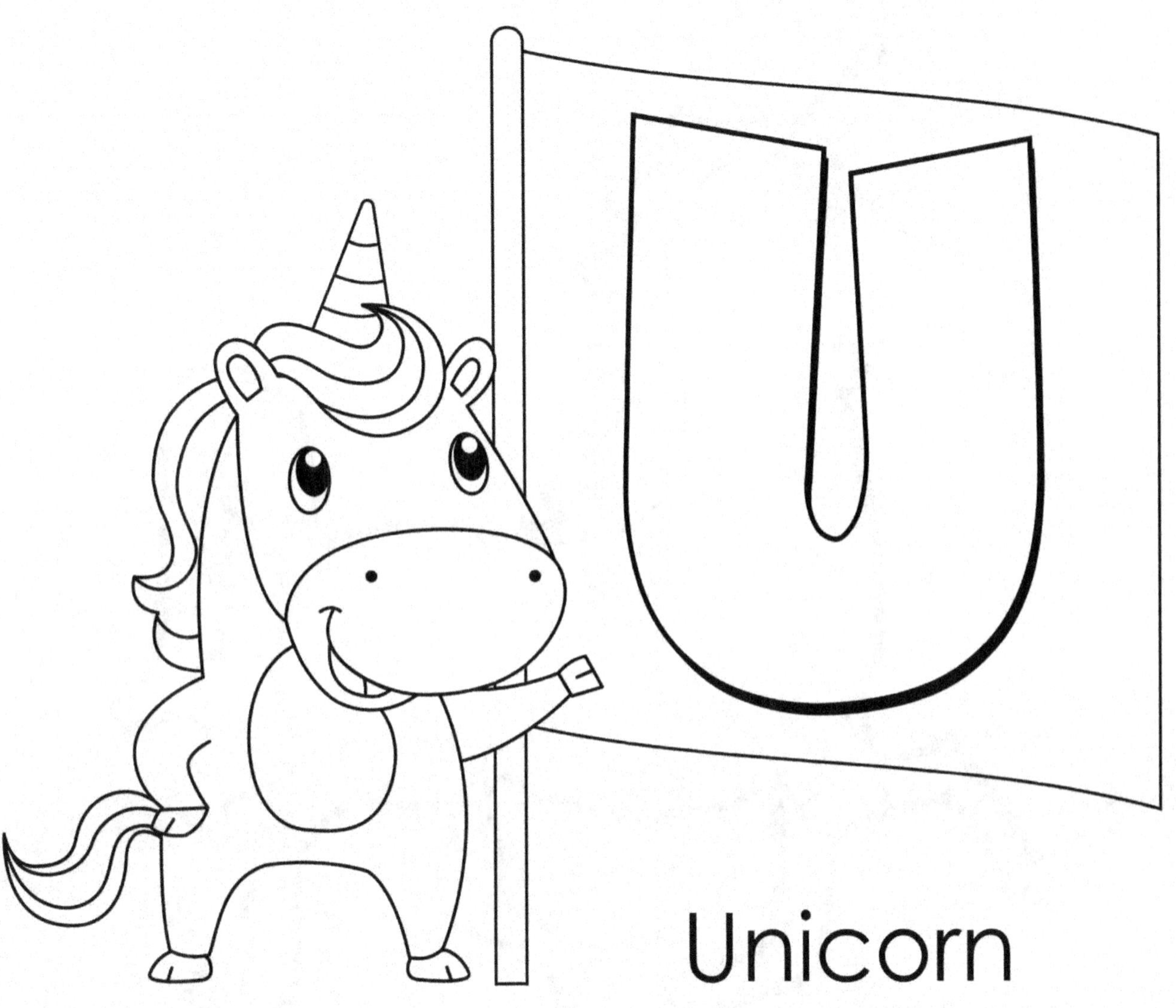

Unicorn

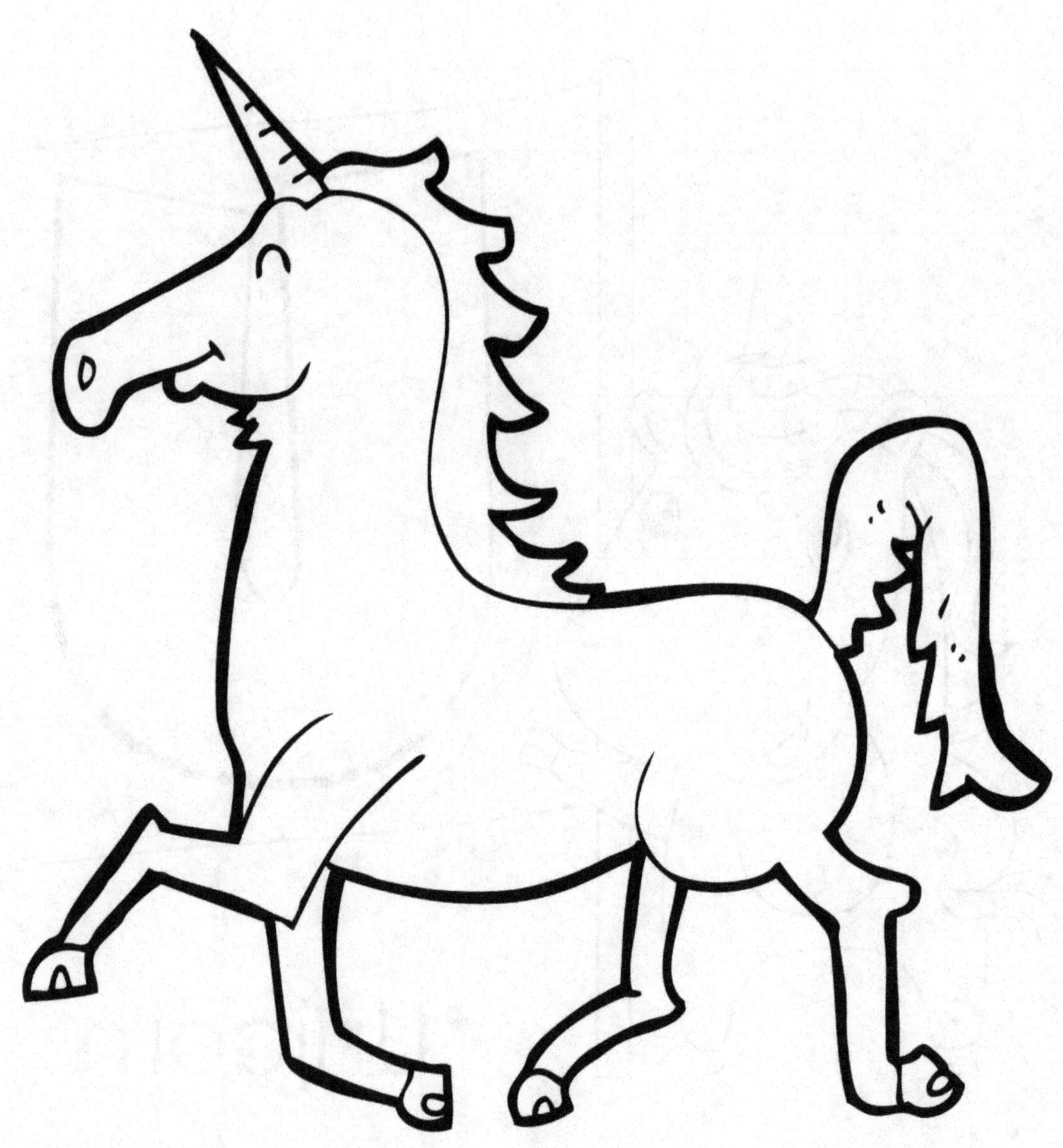

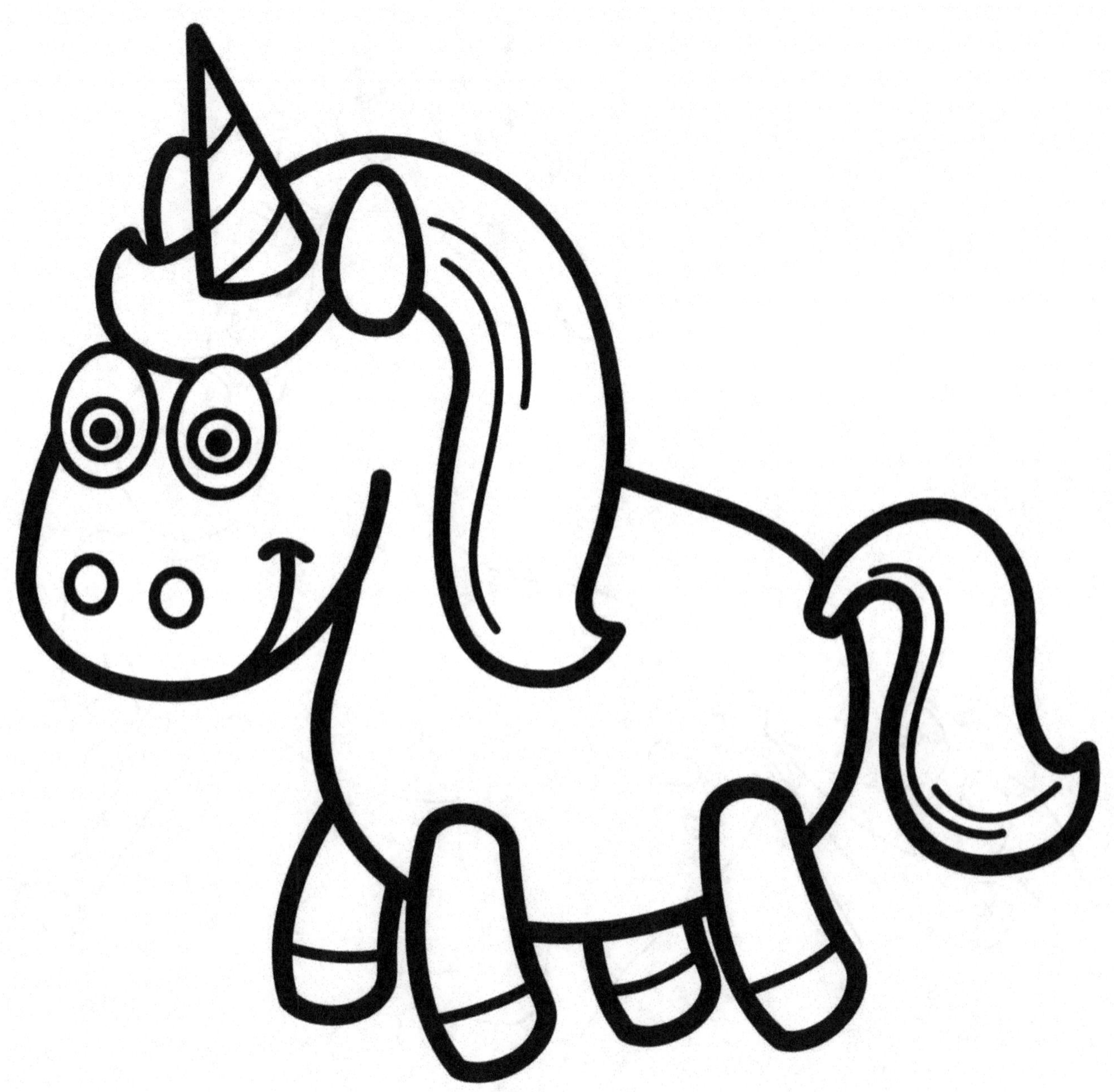

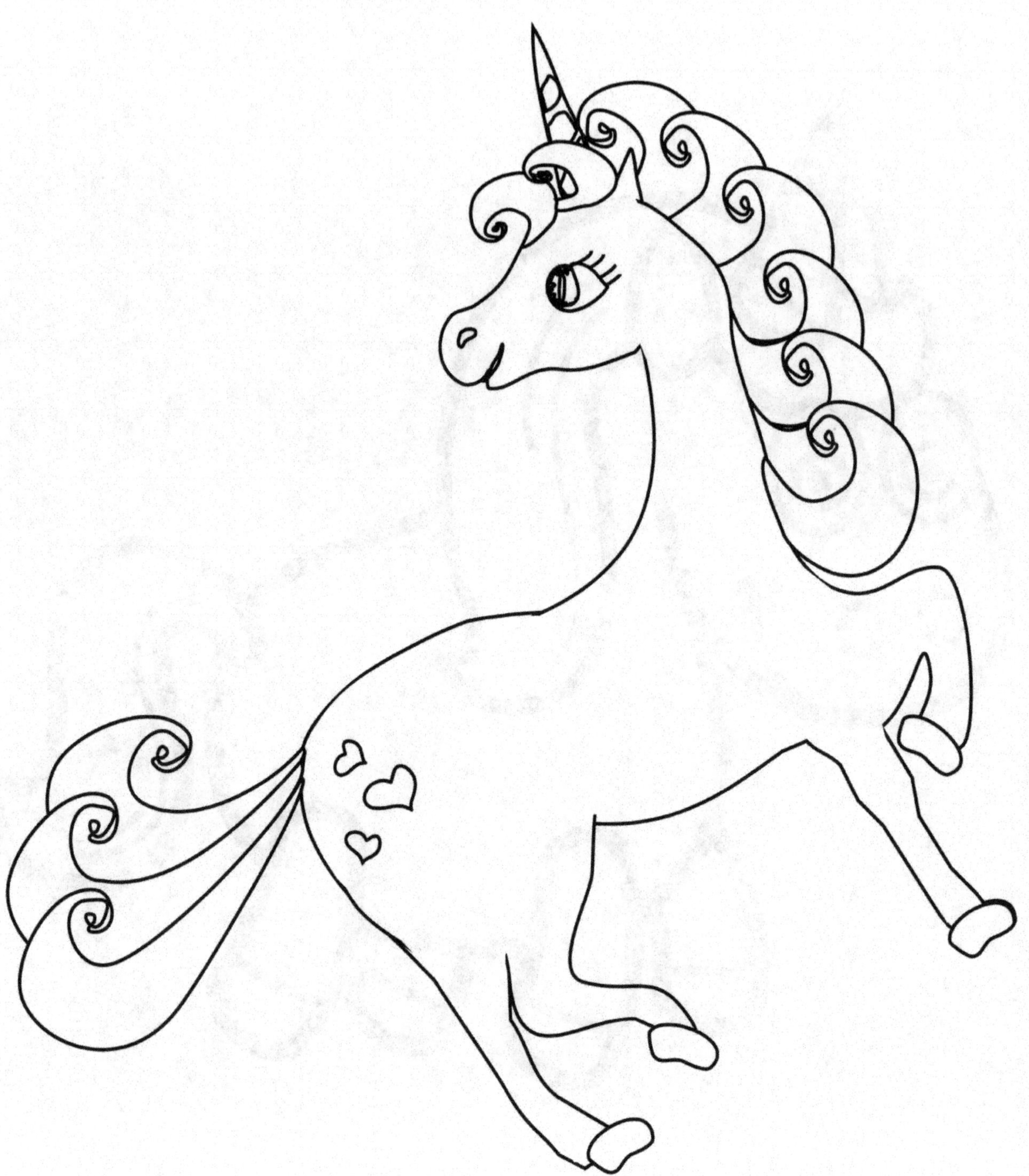

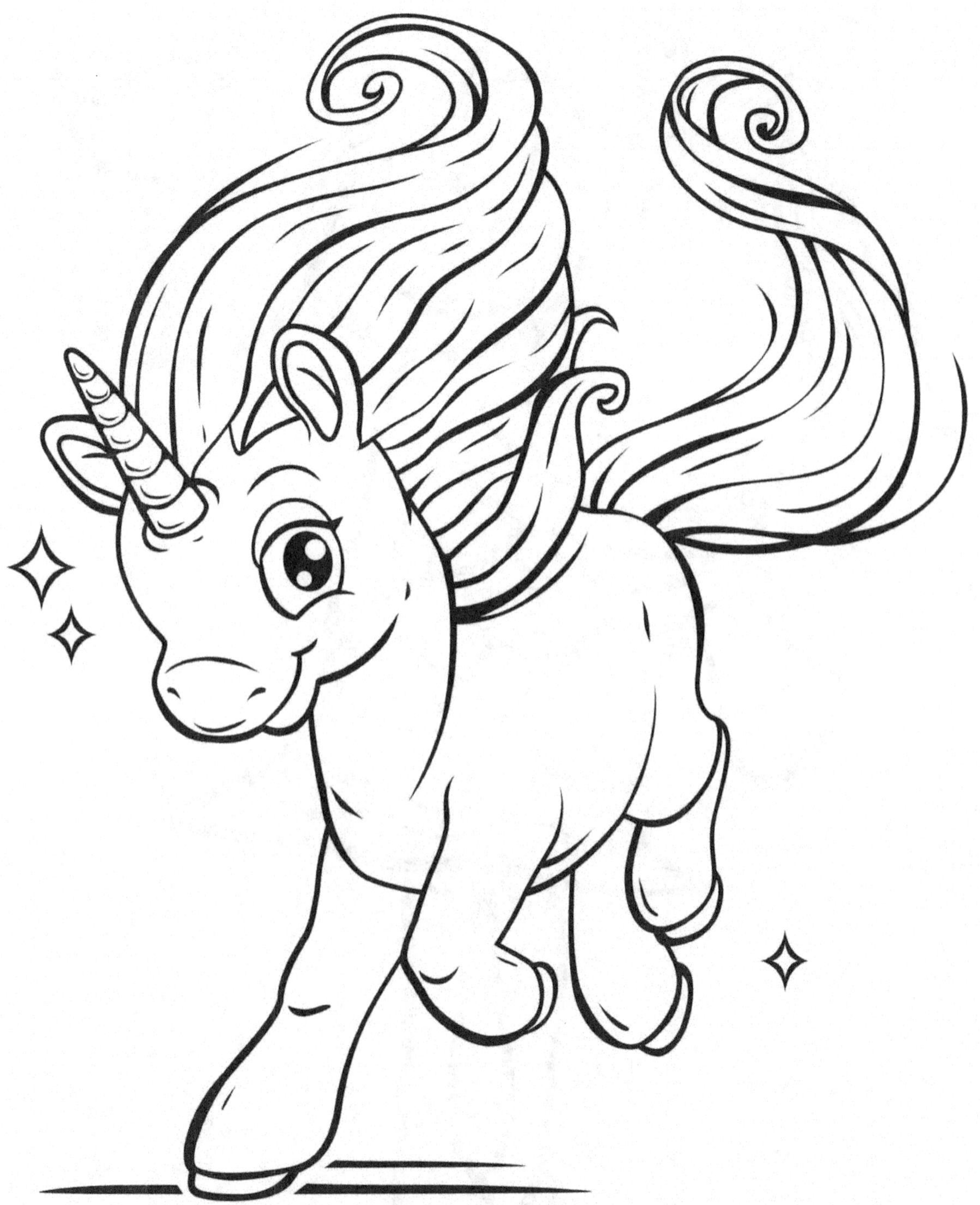

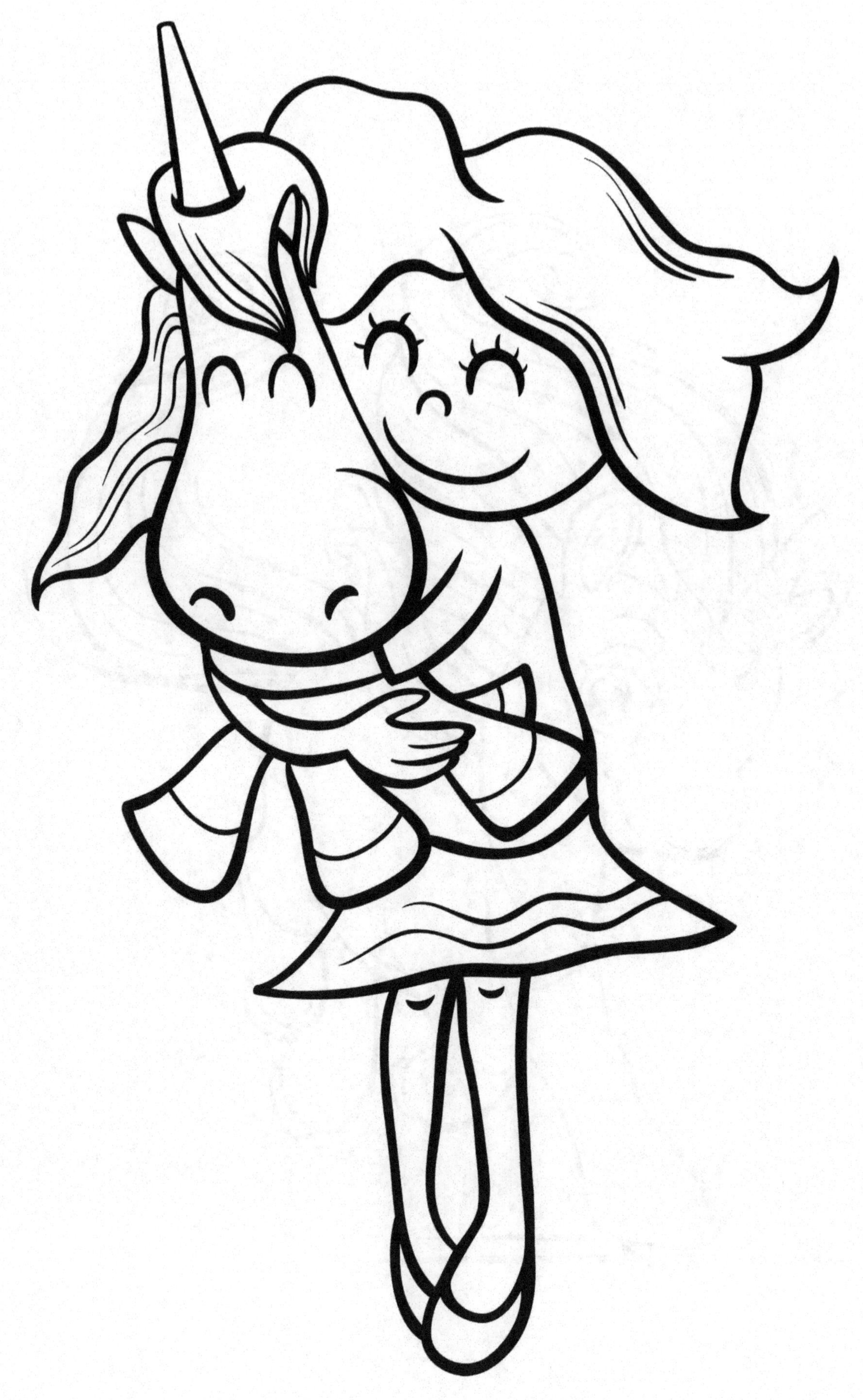

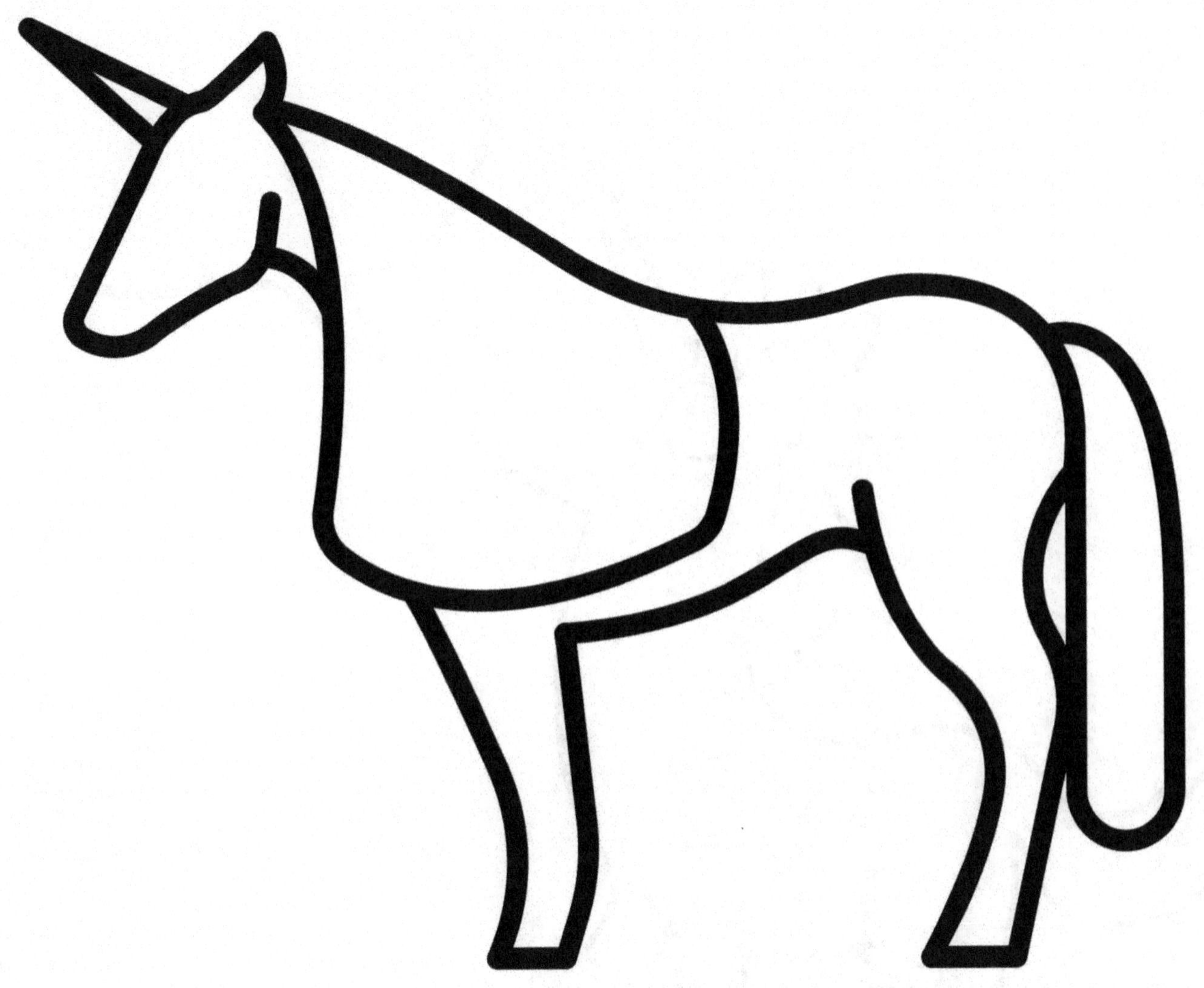

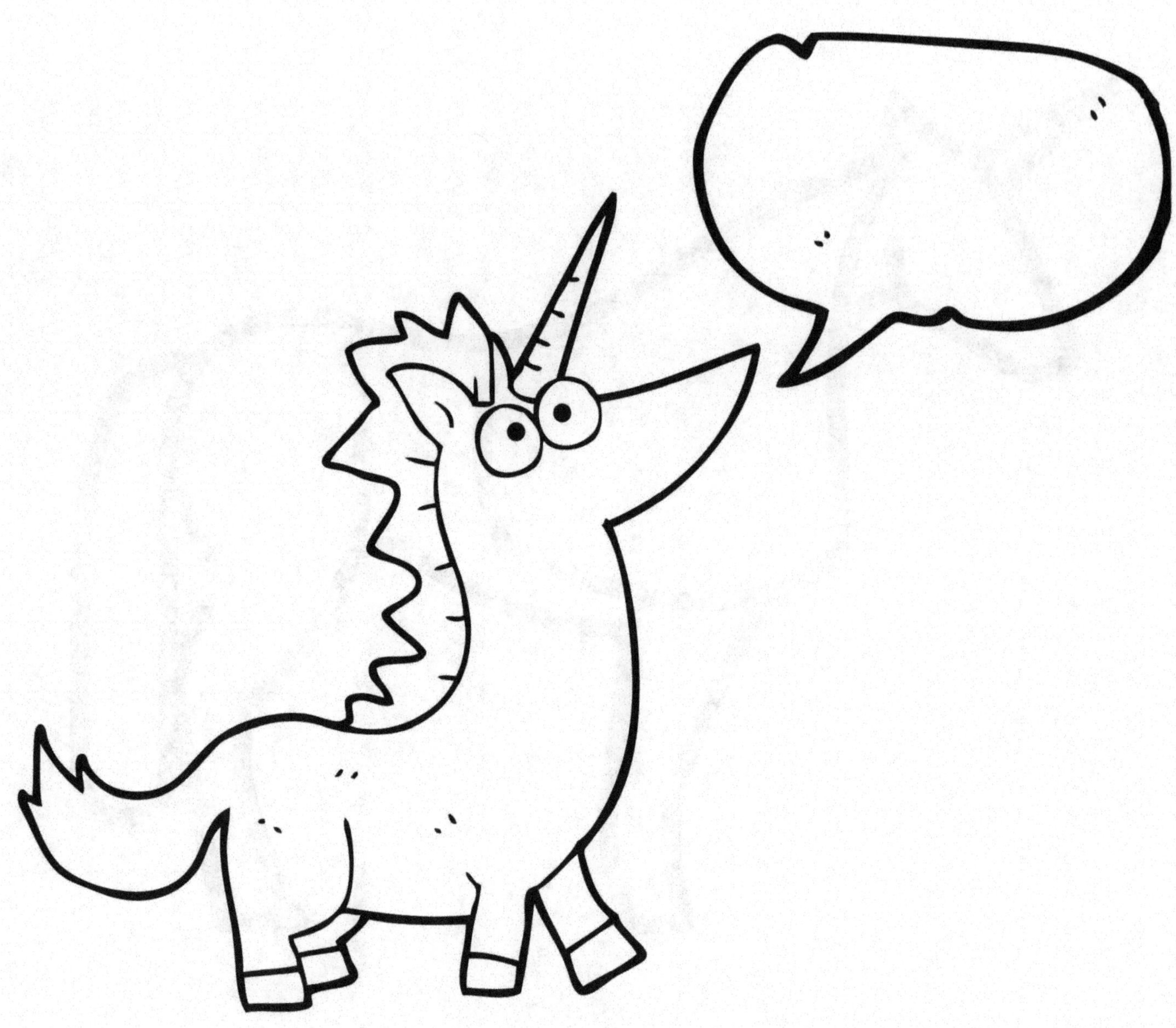

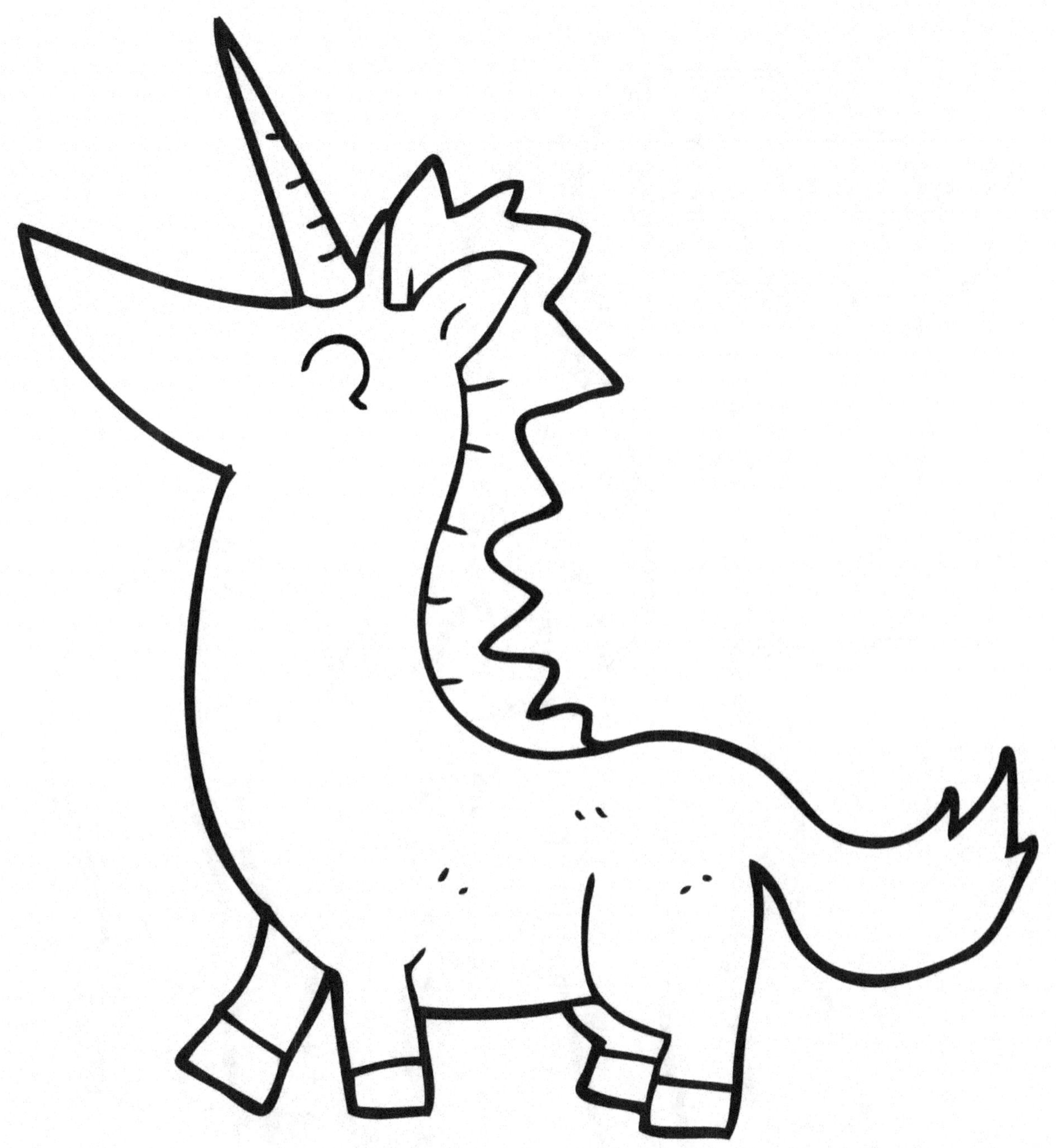

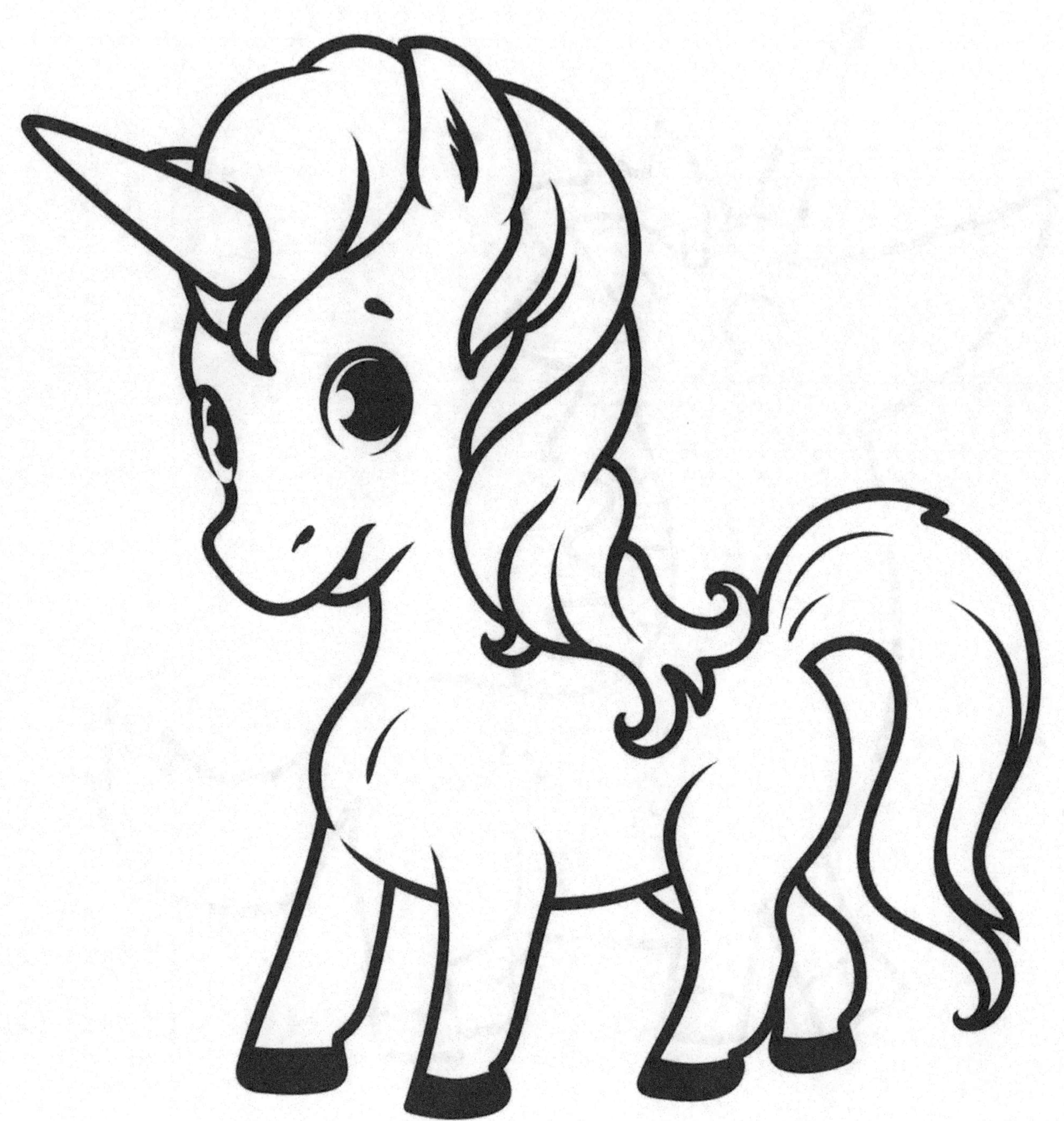

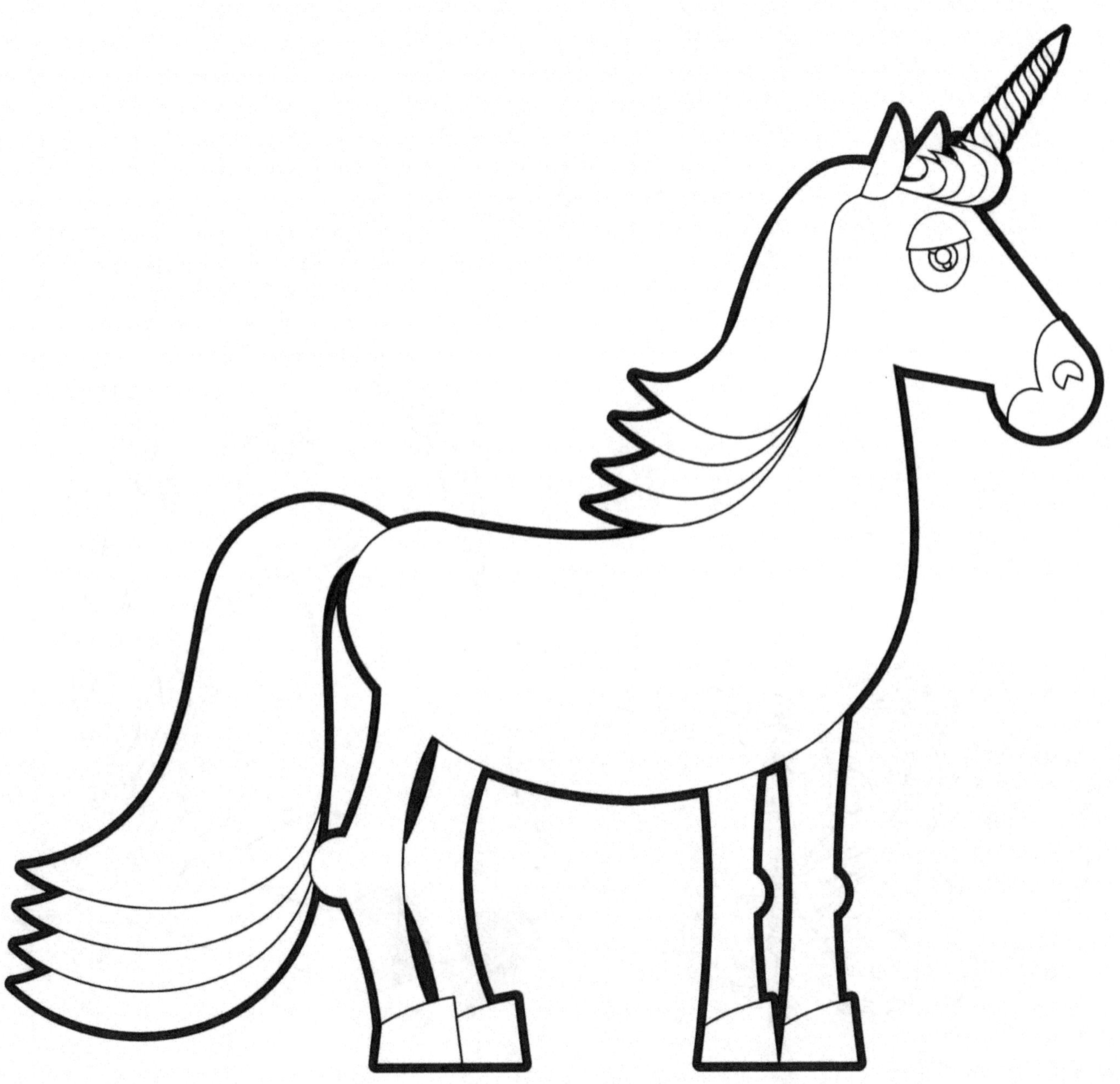

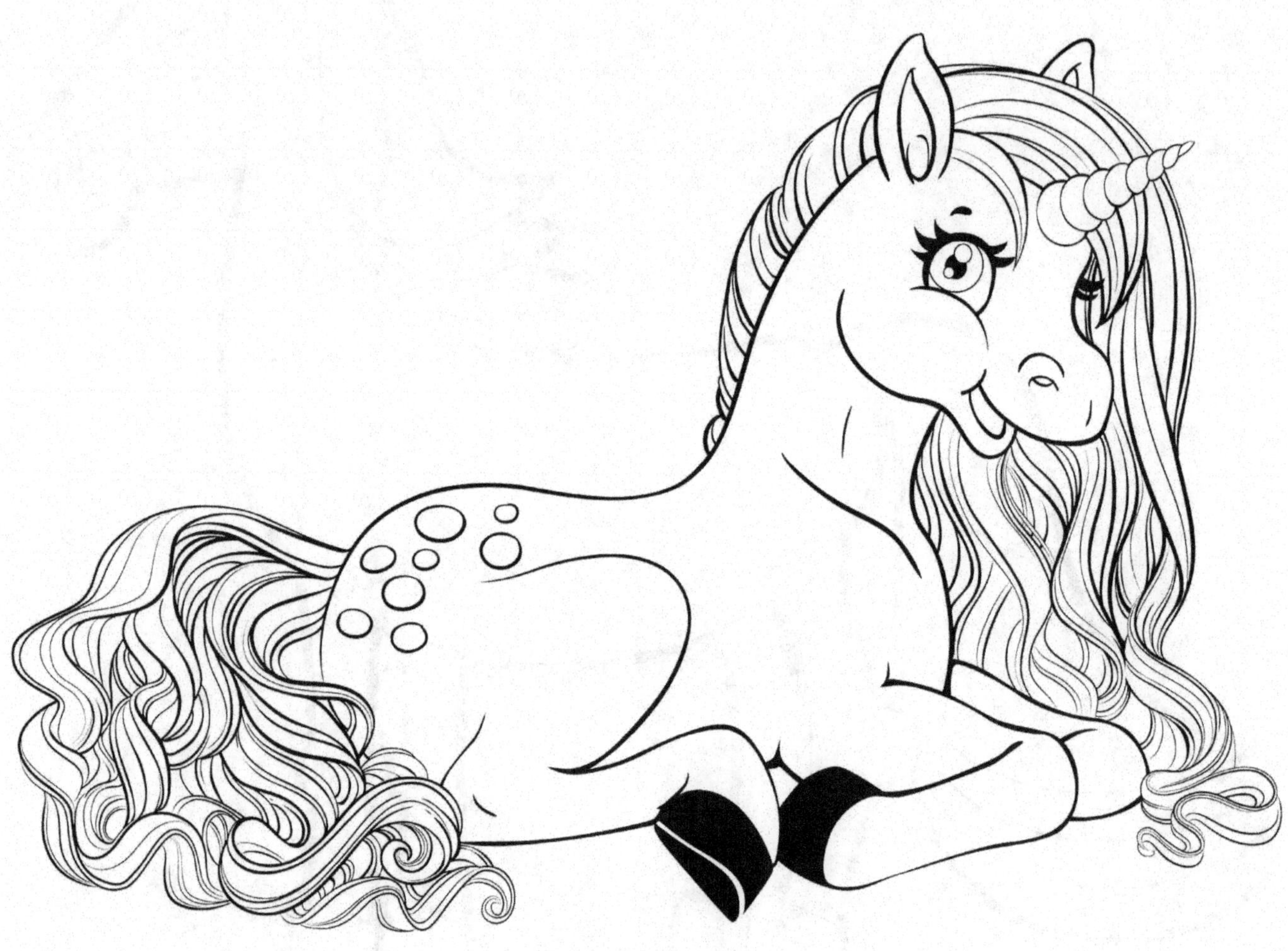

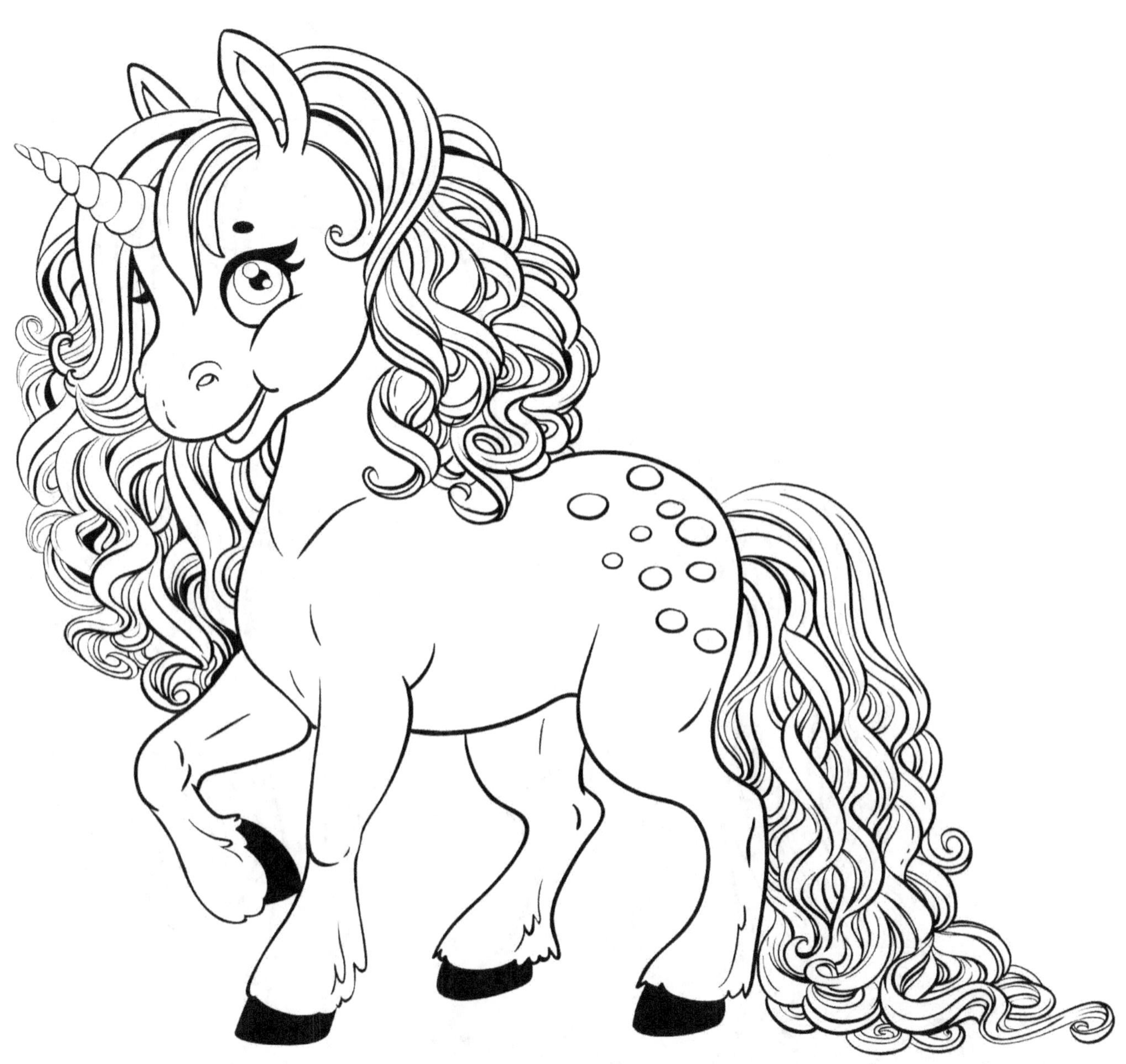

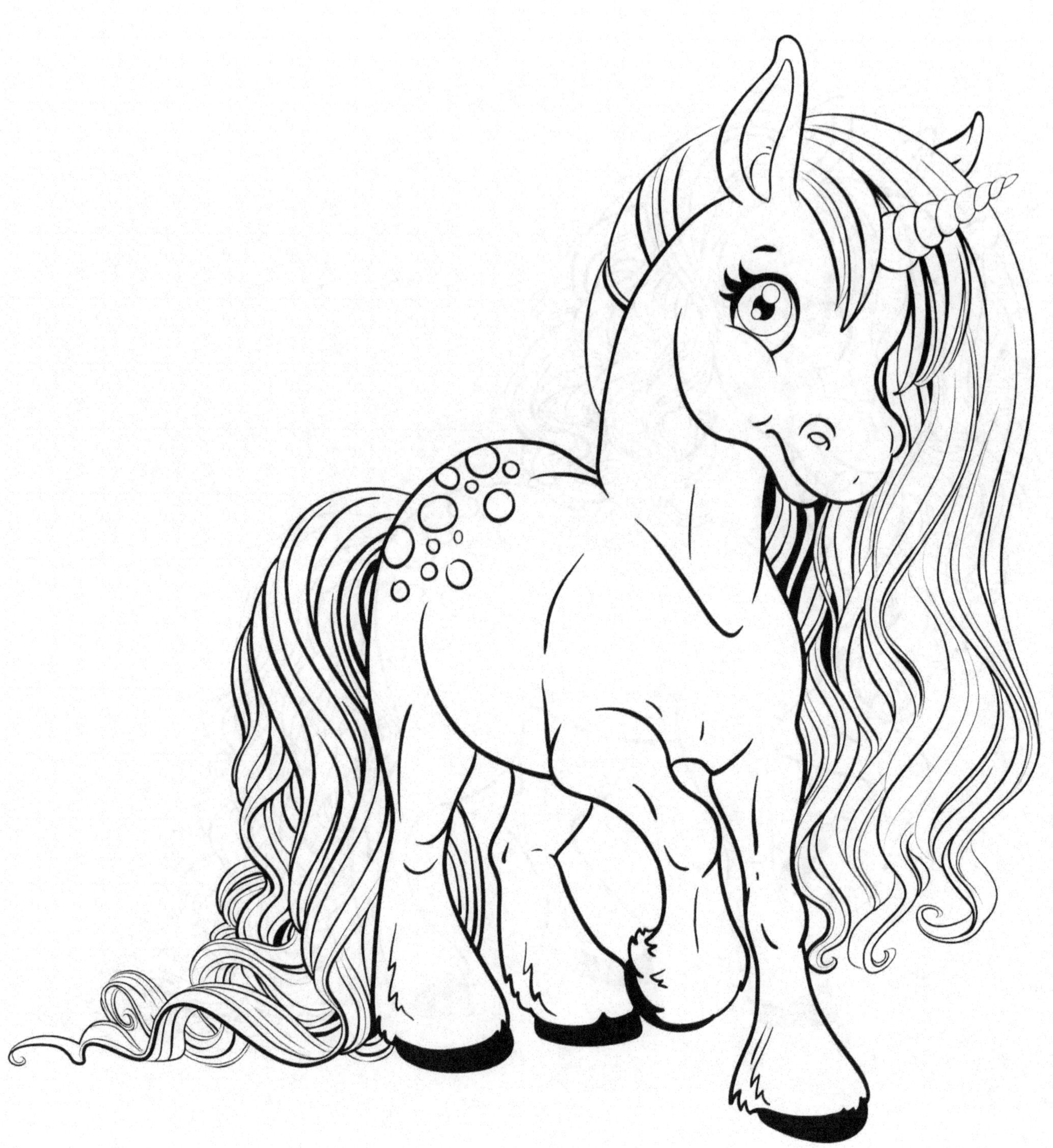

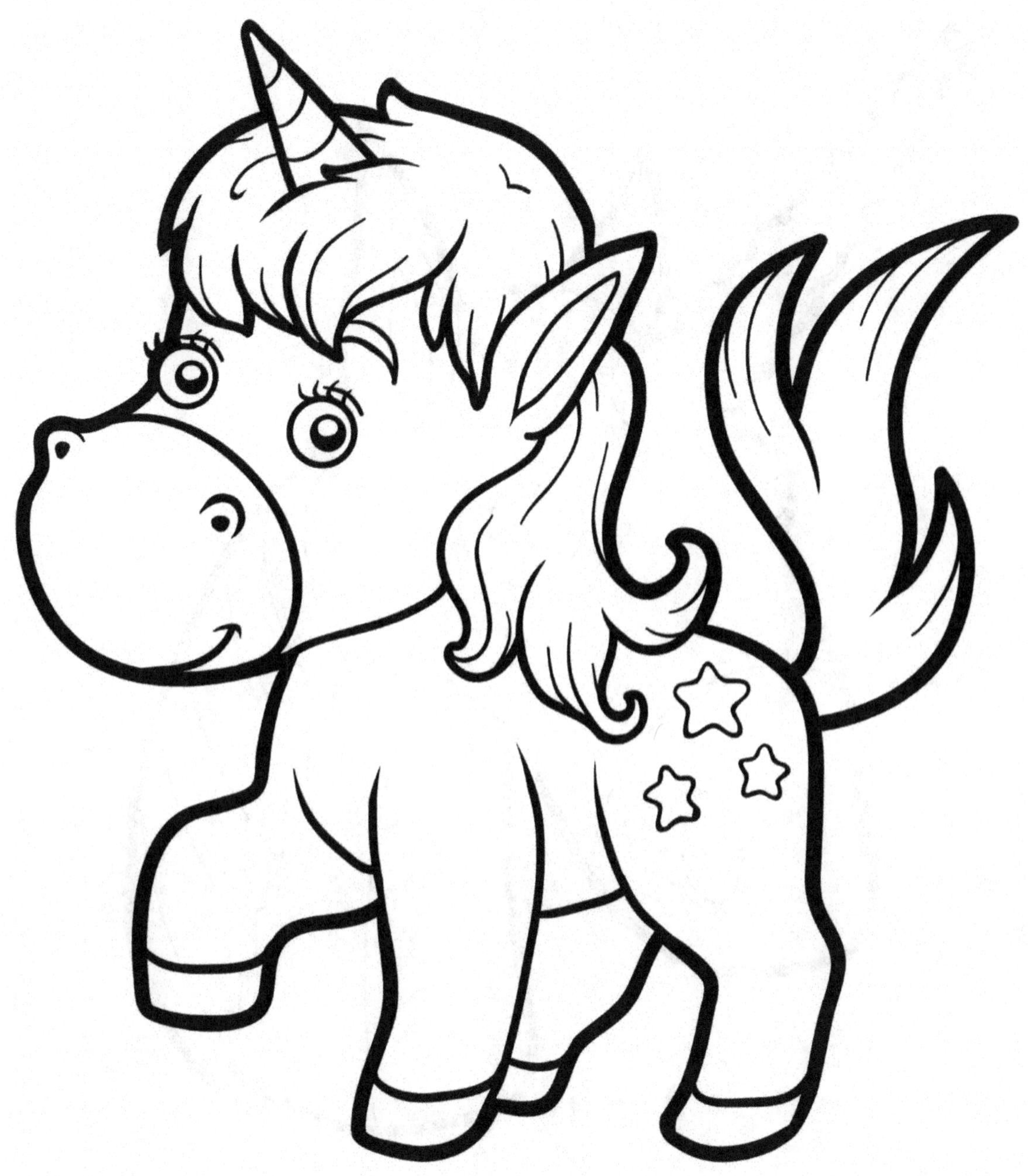

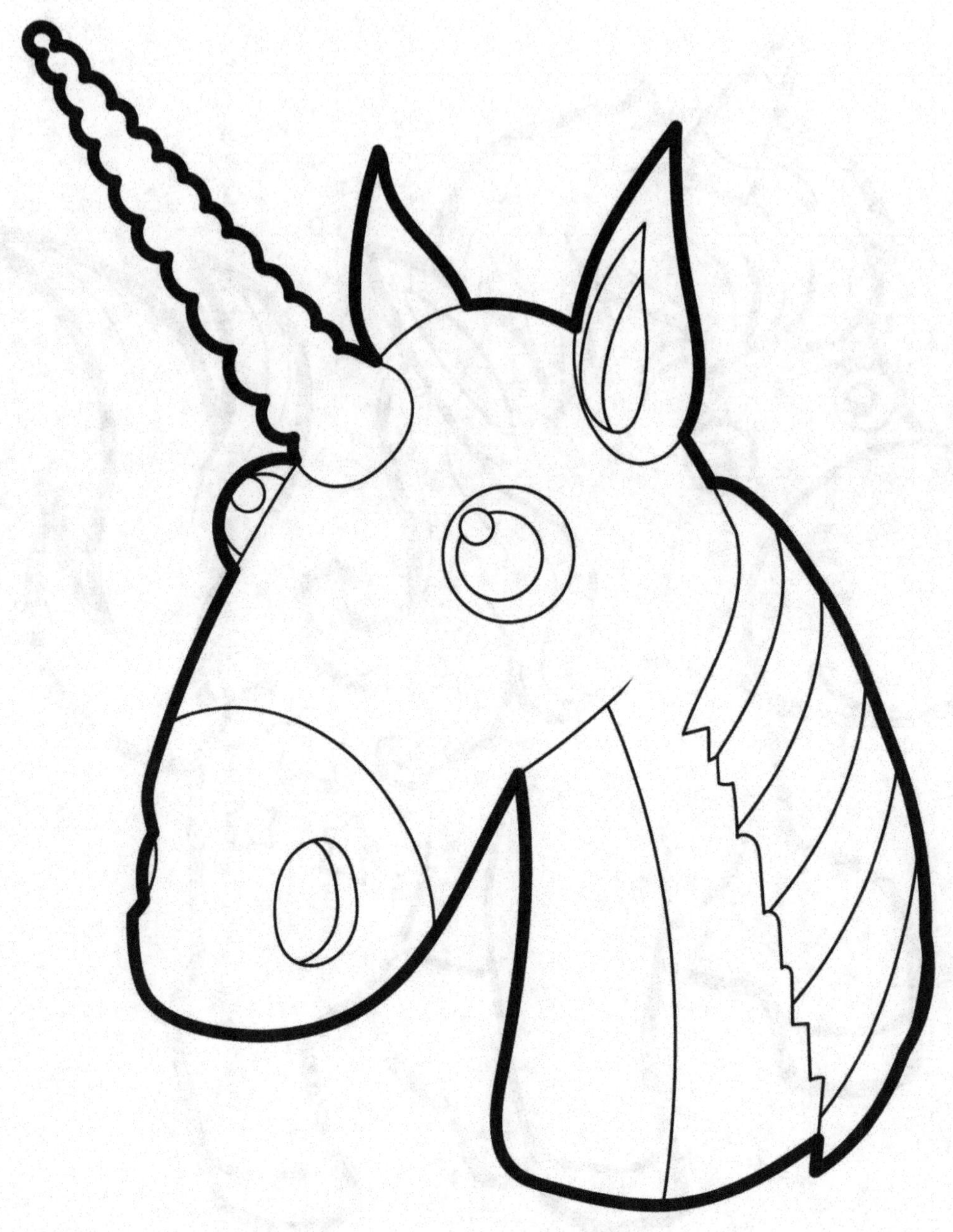

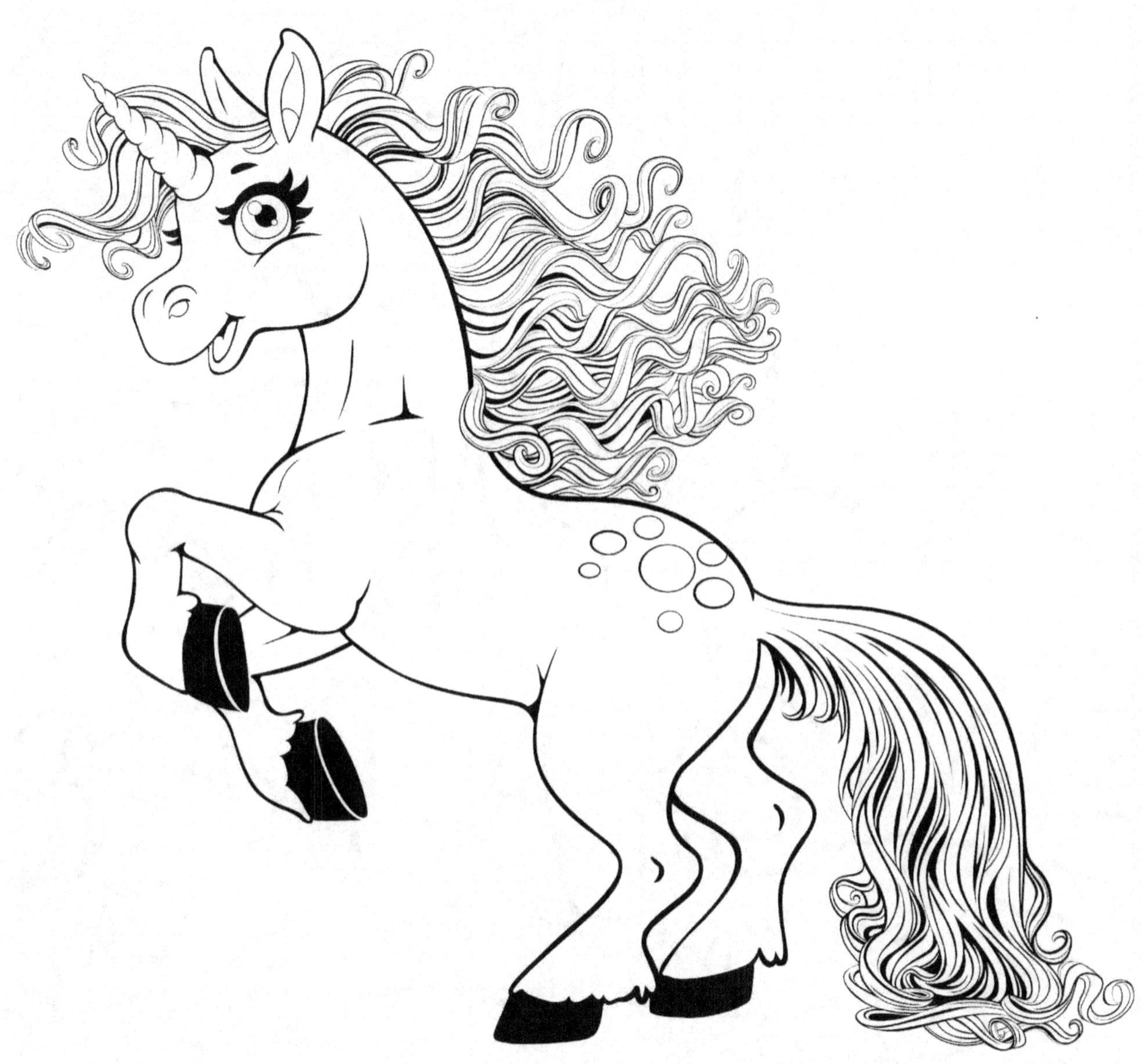

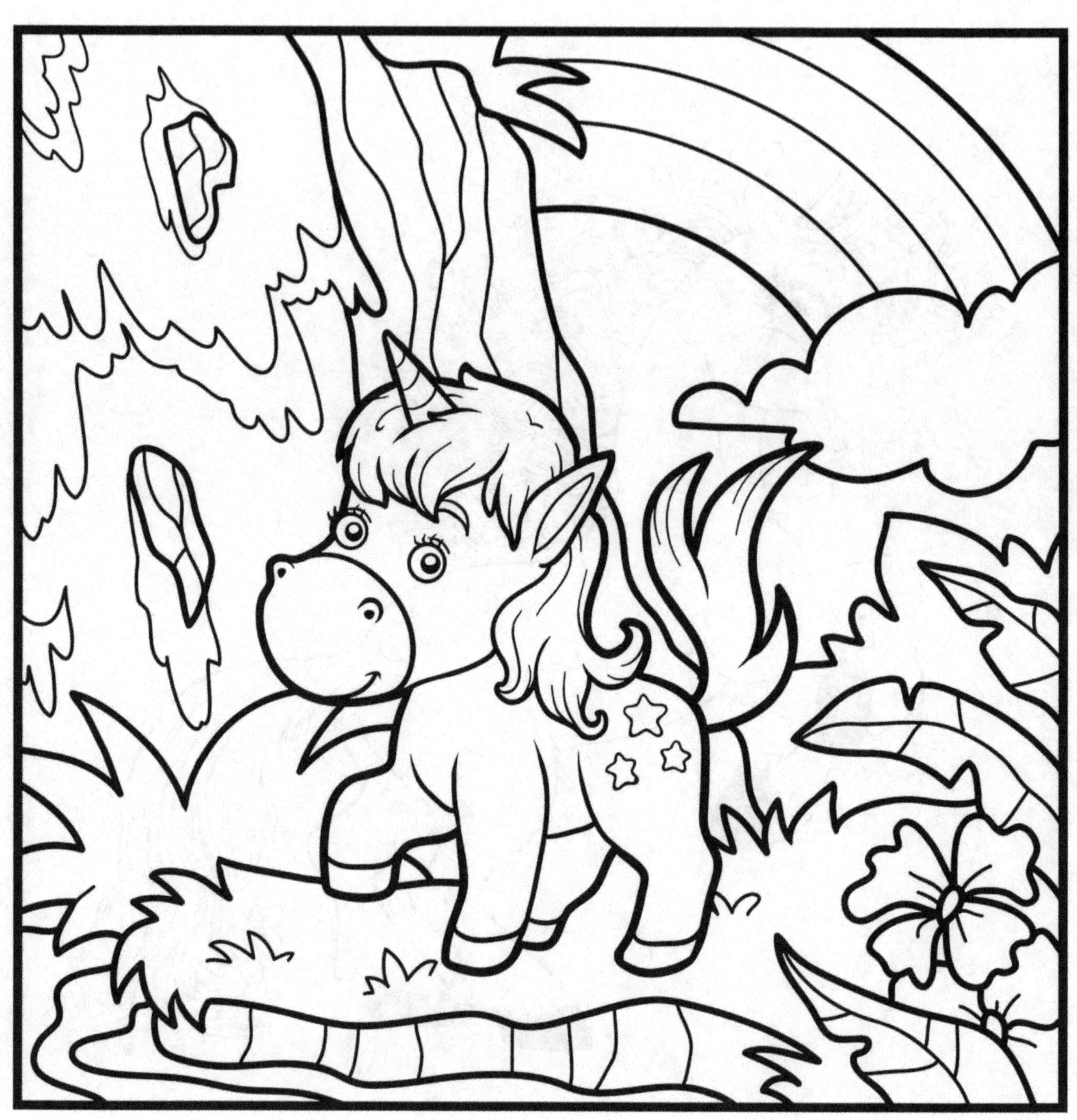

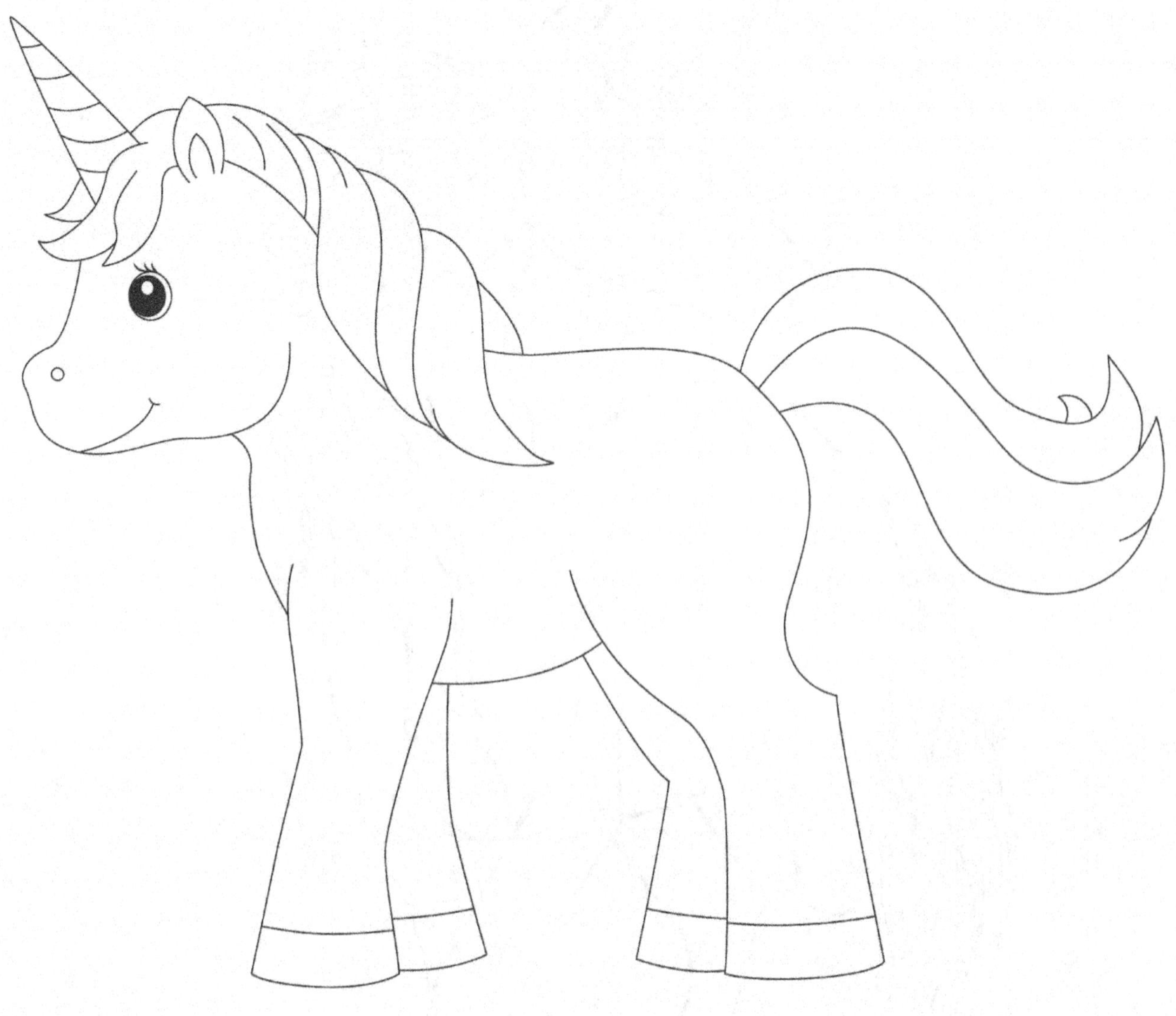

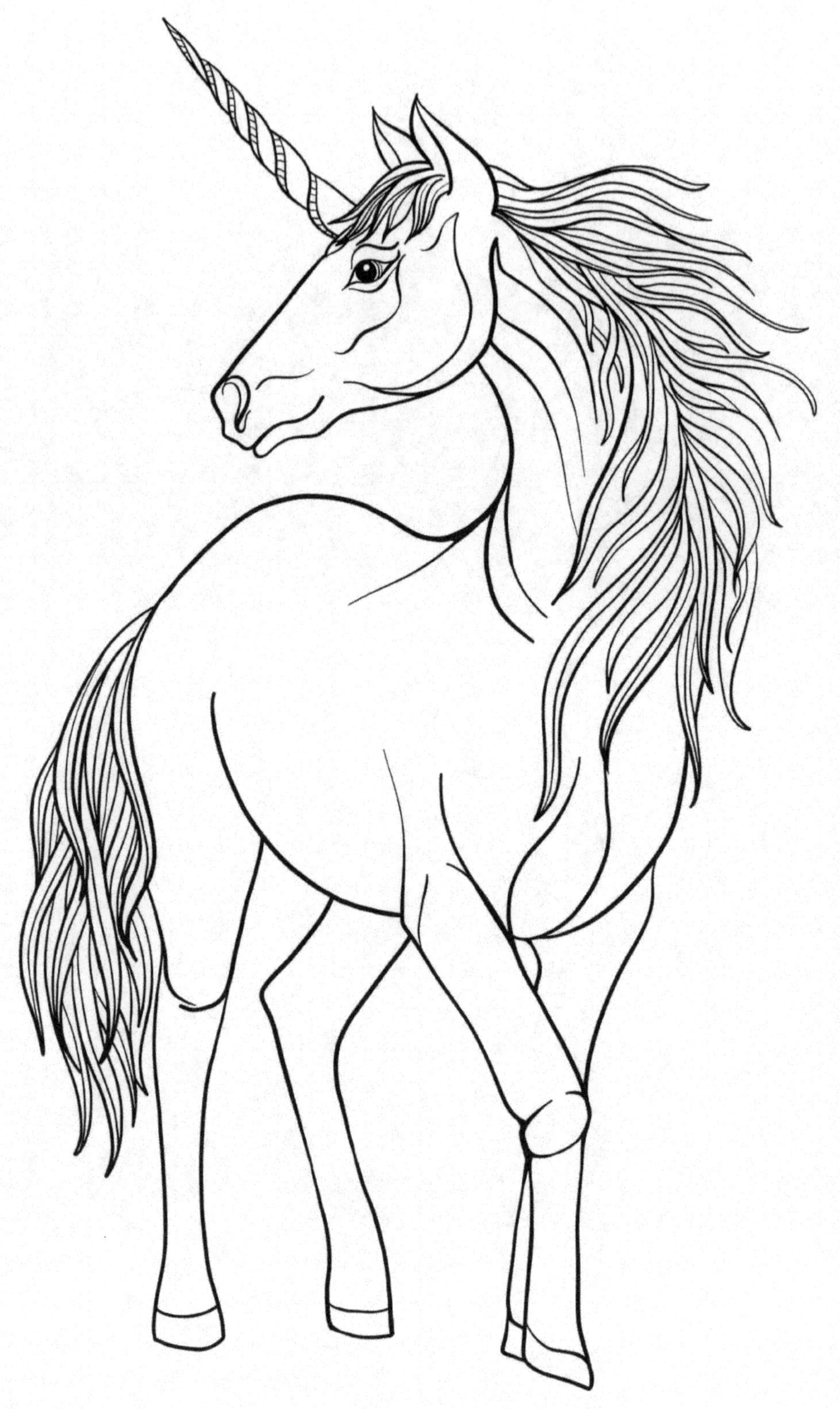

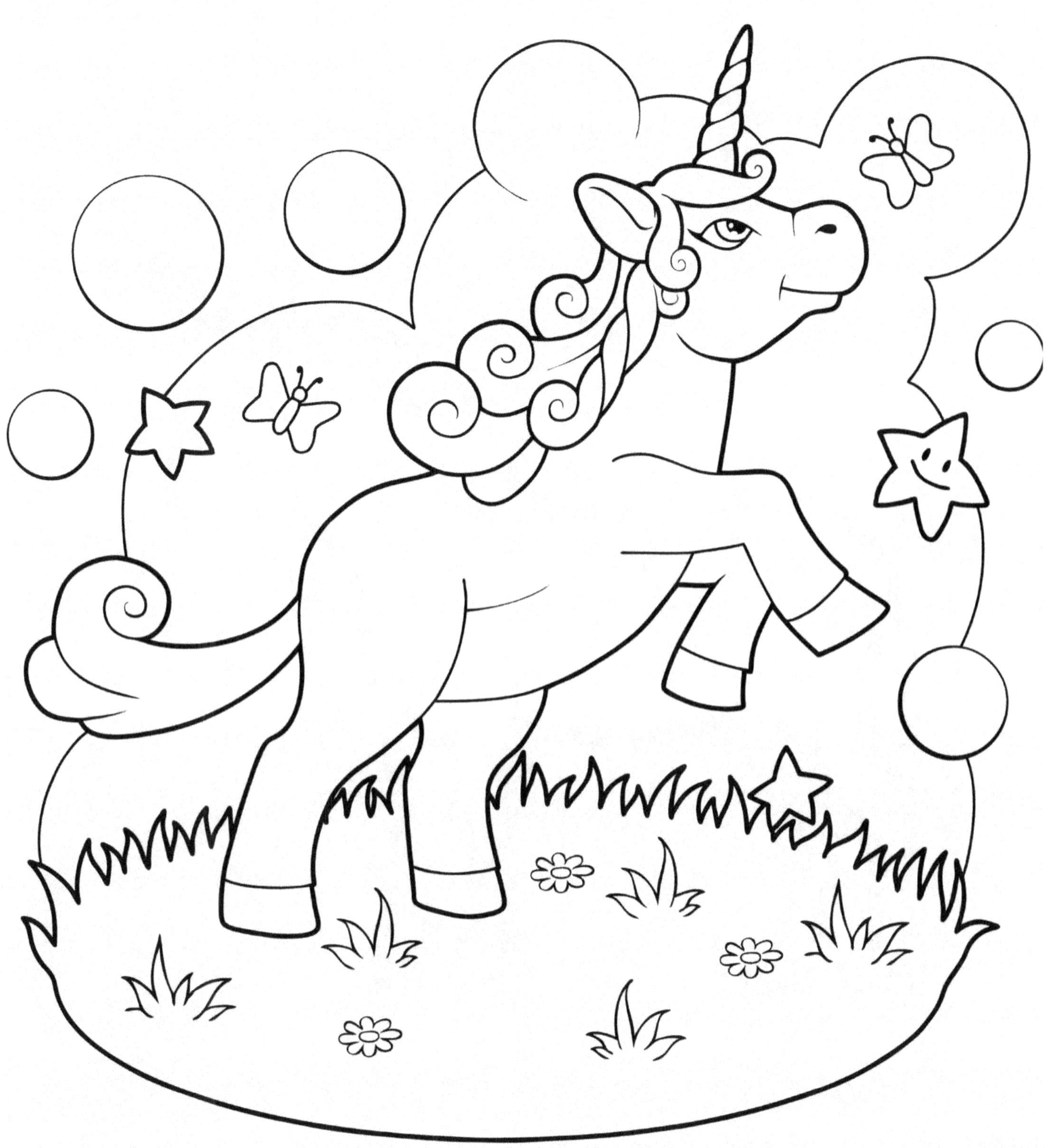

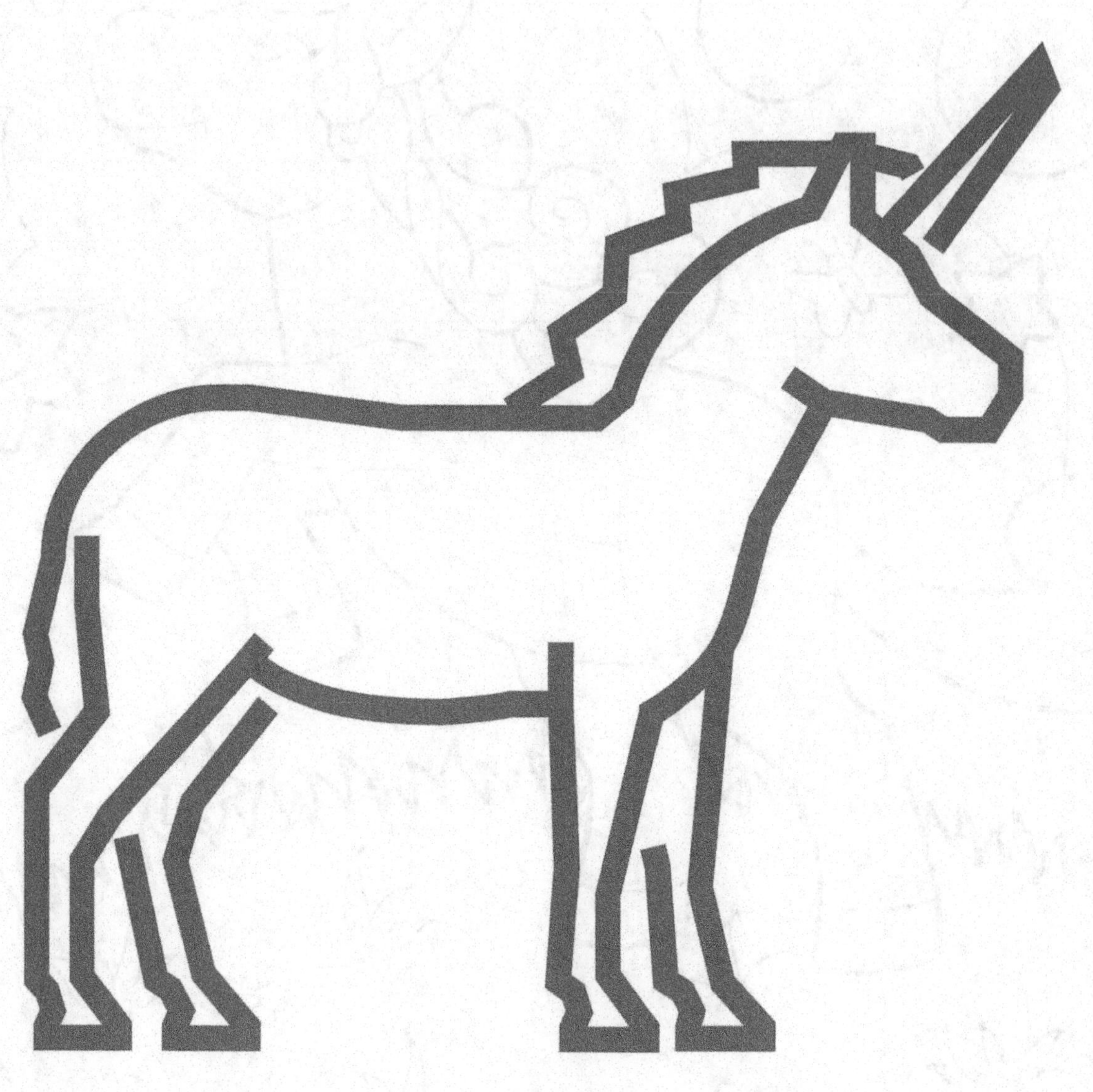

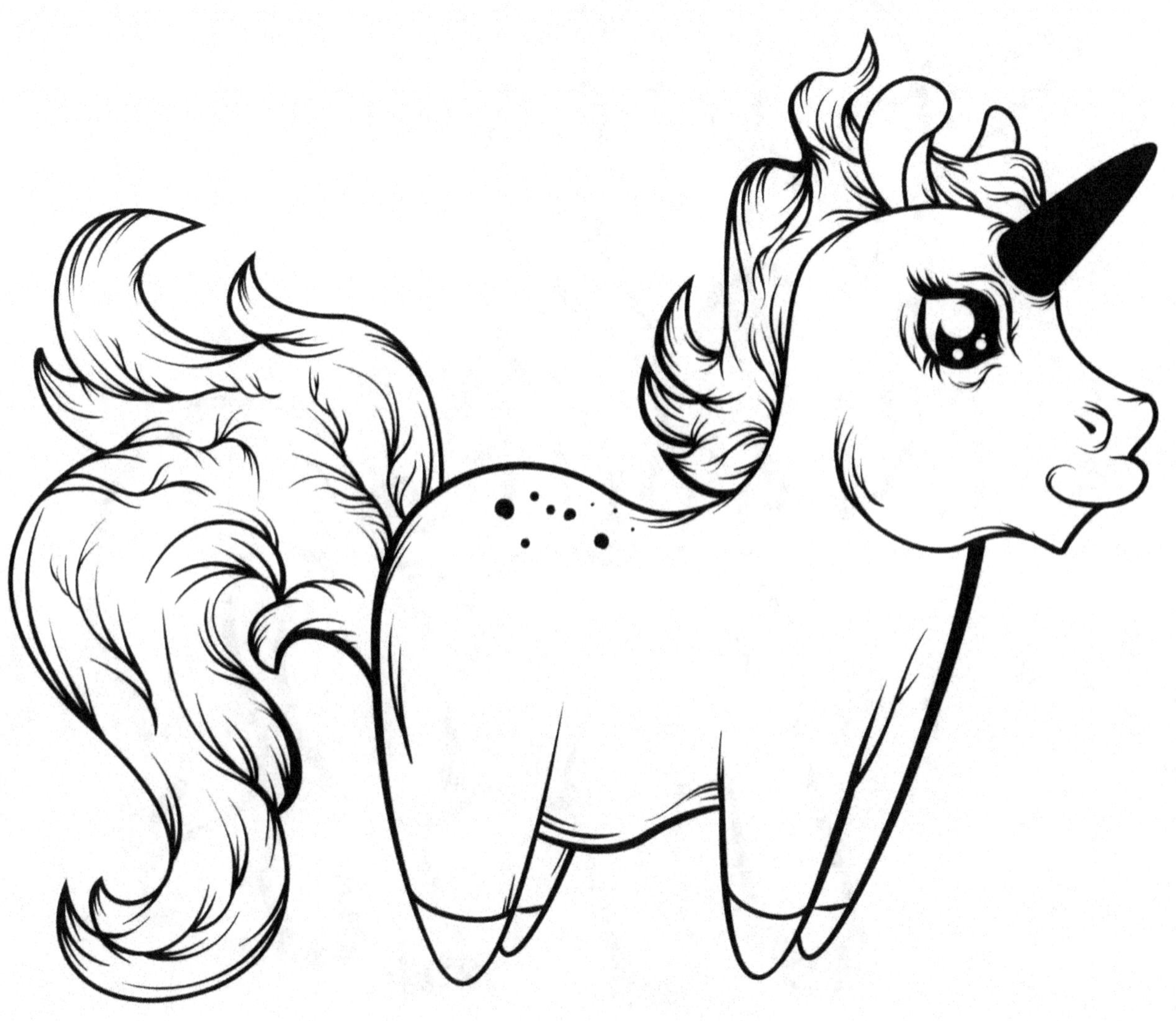

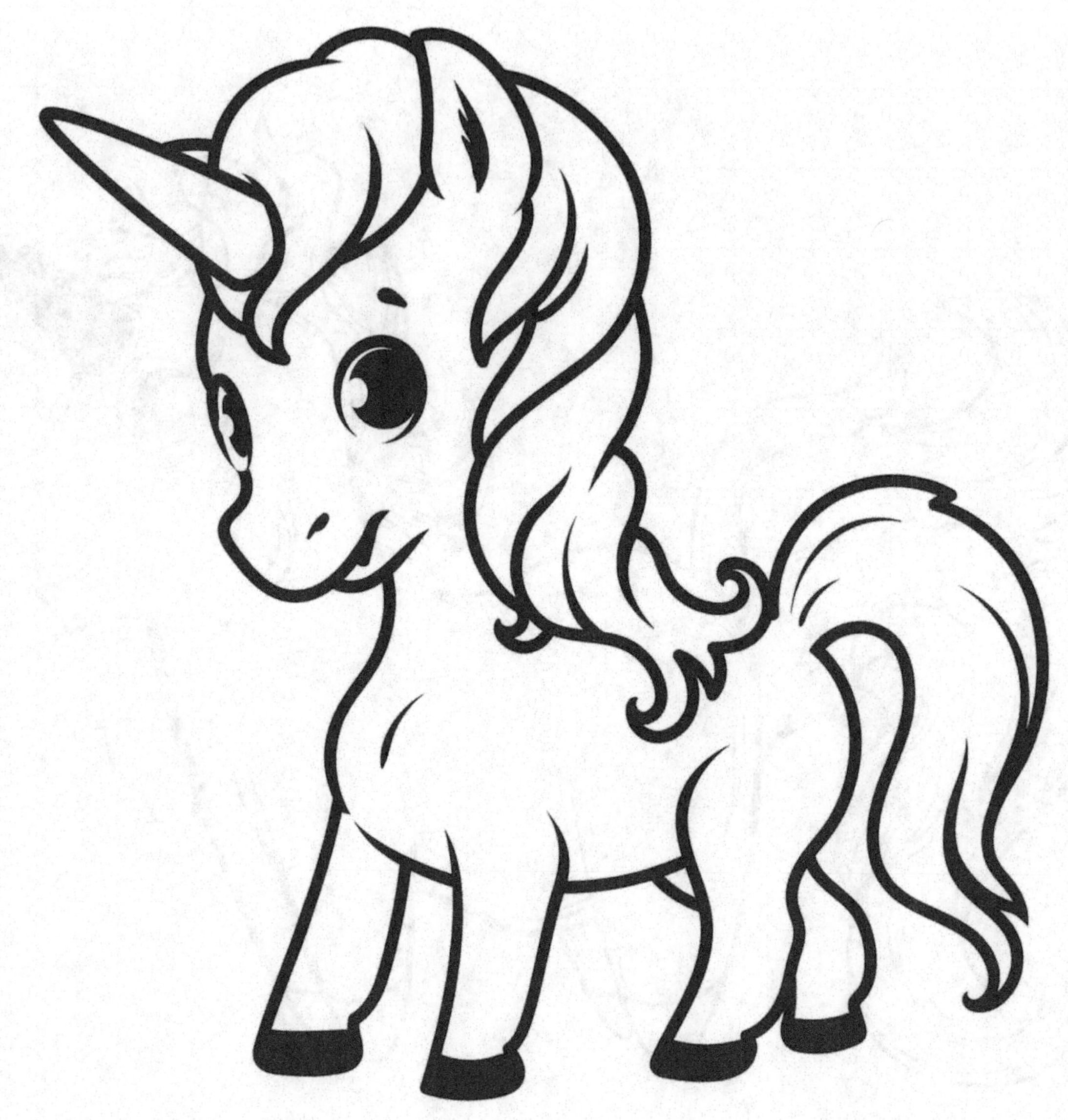

www.ingramcontent.com/pod-product-compliance
Lightning Source LLC
Chambersburg PA
CBHW080321030726
47593CB00009B/2828